디디에 코르니유 지음

프랑스의 디자이너이자 일러스트레이터로, 에콜 데 보자르에서 강의하고 있어요. 『도시야, 안녕! 모두를 위한 세계 지속가능 도시 여행』, 『세상을 이어주는 다리를 건너요』, 『높이 솟은 마천루에 올라요』, 『건축가들의 집을 거닐어요』 등을 출간했어요.

최지혜 옮김

강화도 어느 산자락에서 바람숲 그림책 도서관을 운영하고 있어요. 젊은 시절 아이들과 함께 프랑스에 거주했어요. 지금은 어린이 책을 쓰고, 그림책을 좋아하는 사람들과 '바람숲아이'라는 모임을 만들어 좋은 그림책을 소개하고 번역하는 일도 함께 하고 있어요. 지은 책으로는 『책 민들레 엄대섭, 모두의 도서관을 꿈꾸다』, 『도서관 할아버지』, 『훈맹정음 할아버지, 박두성』, 『별소년』, 『바느질 수녀님』 등이 있어요. 옮긴 책으로는 『도시야, 안녕! 모두를 위한 세계 지속가능 도시 여행』, 『딴생각 중』, 『최고의 차』, 『나무는 매일매일 자라요』 등이 있어요.

권선영 옮김

파리 에콜 카몽도에서 실내 건축과 오브제 디자인을 공부하고, 미국 UC 버클리 건축대학원에서 건축을 전공했어요. 지금은 집을 디자인하고 짓고, 책을 번역하고 쓰는 일을 하고 있어요. 지은 책으로는 『썬과 함께한 파리 디자인 산책』, 『썬과 함께한 열한 번의 건축 수업』이 있고, 옮긴 책으로는 『도시야, 안녕! 모두를 위한 세계 지속가능 도시 여행』, 『수화, 소리, 사랑해!』, 『딴생각 중』, 『최고의 차』 등이 있어요.

홈페이지 sooetsun.com | 인스타그램 instargram.com/sunauteur

이선 감수

충남대학교 임학과를 졸업하고, 독일 괴팅겐대학교와 프라이부르크대학교에서 식물생태학으로 석사 및 박사 학위를 받았어요. 현재 한국전통문화대학교 전통조경학과 교수로 재직하면서 전통 조경 공간, 자연 유산, 식물학의 역사 등을 연구하고 있어요. 문화재청의 문화재 위원이기도 해요. 지은 책으로는 『식물에게 배우는 네 글자』, 『풍류의 류경, 공원의 평양』, 『한국의 자연유산』 등이 있고, 옮긴 책으로는 『정원사를 위한 라틴어 수업』, 『나무 신화』 등이 있어요.

내일을 위한 정원 산책

2023년 4월 20일 초판 1쇄 펴냄
2024년 3월 20일 초판 2쇄 펴냄
디디에 코르니유 **지음** | 최지혜, 권선영 **옮김** | 이선 **감수**

펴낸이 김양희 | **펴낸곳** 놀궁리 | **디자인** 이수연 | **주소** 경기도 성남시 분당구 정자일로 248 | **출판등록** 제2018-000040호
이메일 kimyanghee_nolkungri@naver.com | **페이스북** @nolkungribooks | **인스타그램** @nolkungri_books

가격 18,000원 | **ISBN** 979-11-91900-08-8

Original title: Tous les jardins sont dans la nature | By Didier Cornille © 2021, hélium/Actes Sud. All Rights Reserved. Korean translation ©2023 by Nolkungri. Korean translation rights arranged with hélium/Actes Sud through Orange Agency

이 책의 한국어판 저작권은 오렌지에이전시를 통해 저작권자와 독점 계약한 놀궁리에 있습니다. 신저작권법에 따라 한국 내에서 보호받는 저작물이므로 무단전재와 무단 복제를 금합니다.

품명 도서 **재질** 종이 **제조국** 한국 **제조업체** 삼성인쇄 **제조연월** 2024년 03월 **주소** 경기도 성남시 분당구 정자일로 248 **사용연령** 4세 이상

디디에 코르니유 지음
최지혜·권선영 옮김
이선 감수

내일을 위한 정원 산책

지속가능한 세상을 만드는 세계 공원과 조경사 이야기

놀궁리

모든 정원은 자연과 연결되어 있어요. 오래전부터 사람들은 가까이서
먹거리를 키우고 자연의 아름다움을 즐기고 싶어 했어요. 채소로 울타리를
만들기도 하고 자연의 여왕인 꽃을 집 가까이 심기도 했지요.
그래서 정원이 만들어지기 시작했어요.

이 책에서는 조경가, 정원사 그리고 예술가들이 섬세하게 가꾼 정원을
소개할 거예요. 우리들이 탐험할 정원은 규모가 큰 공원일 수도 있고,
아주 작은 정원일 때도 있어요. 예술적으로 아름다운 정원이나
깜짝 놀랄 선물을 숨기고 있는 정원도 있지요.
정원들마다 어떤 특징이 있는지 찾아보세요.

언젠가 우리도 우리만의 정원을 만들 수 있을 거예요.
흙 한 줌만 있으면 충분히 시작할 수 있어요. 자연을 사랑하고,
초록 공간을 가꾸는 삶을 즐기기만 하면 되지요.

그럼, 즐거운 산책이 되길 바랍니다!

정원을 산책하기 전에

과거로 먼저 떠나 볼까요?

한국 궁궐의 대표적인 정원인 '창덕궁 후원'(15세기)은 나지막한 언덕에 지형과 잘 어우러지게 조성되어 있어요.

그림은 후원의 첫 번째 정원인데, 연못 부용지 주변으로 여러 건물이 지어져 있어요.
직사각형 연못은 땅을 상징하고, 가운데 있는 둥근 섬은 하늘을 상징해요.
2층으로 된 누각은 주합루로 궁궐 내 도서관이었어요.

창덕궁은 자연과 조화를 이루는 건물들과 아름다운 정원의 가치를 인정받아
유네스코 세계문화유산으로 등재되었어요.

스페인의 알함브라 궁전에 있는 '사자의 정원'(14세기)은 건물 안에 있는 중정이에요.
직사각형 모양이고, 아름다운 기둥으로 둘러싸여 있어요. 중앙에 있는 분수에서
물이 쏟아져 나와 십자가 모양의 대리석 수로를 따라 흘러요.
단순한 구조와 물을 활용한 점이 이슬람 정원의 진수를 보여 주지요.

일본의 교토에 있는 '료안지 정원'(16세기)은 돌과 굵은 모래로 덮여 있어요.
매일 하얀 모래를 갈퀴질로 정돈해 바다의 물결을 떠올릴 수 있게 하지요.
정원 가장자리에는 지붕이 있는 회랑이 길게 나 있어요. 이곳에 앉아 있으면 명상에
빠져들게 돼요. 이 점이 일본 정원에서 가장 중요한 부분이에요.

파리 근처에 있는 '보르비콩트 성의 정원'은 대표적인 프랑스식 정원으로, 1656년에 조경가 앙드레 르 노트르가 디자인했어요. 성의 테라스에 서면 정원의 전경을 한눈에 볼 수 있어요. 곧게 뻗어 있는 길과 다양한 문양의 장식으로 흠 잡을 데 없이 꾸며진 화단, 정원을 비추는 물거울이 펼쳐지지요. 정원은 나비 날개의 무늬처럼 대칭을 이루고 있고, 자연은 완벽하게 관리되고 있어요.

훗날 노트르가 태양 왕 루이 14세의 '베르사유 궁전의 정원'을 설계할 때, 이런 디자인적인 특징을 그대로 적용했어요.

'스투어헤드 정원'은 1743년부터 헨리 호어 2세가 디자인한 영국 정원으로, 아름다운 풍경으로 유명해요. 헨리 호어 2세는 니콜라 푸생이나 클로드 로랭의 풍경화에 영향을 받아, 그림 속 풍경을 정원에 구현하려고 했어요. 정원 곳곳에 있는 고대 로마식 신전과 오벨리스크(고대 이집트 태양신 상징 기념비), 유적 모조품들 덕에 정원의 매력은 한층 더 깊어져요. 스투어헤드 정원은 넓은 호수를 따라 구불구불 이어지는 산책길을 자유롭게 걷자고 우리를 초대하지요.

차례

1785
데제르 드 레츠 : 야외 박물관 같은 백과사전 정원 · 15
프랑수아 라신 드 몽빌

1873
센트럴 파크 : 풍경을 담은 공원 · 23
프레데릭 로 옴스테드 & 캘버트 보

1897
먼스테드 우드 : 색깔이 가득한 정원 · 31
거트루드 지킬

1928
빌라 노아유 : 현대적이고 기하학적인 정원 · 37
가브리엘 게브레키안

1952
둥근 정원 : 가족을 위한 정원 · 45
칼 테오도르 쇠렌센

1965
플라멩구 공원 : 모든 사람을 위한 공원 · 51
호베르투 마르크스

1976
가스 워크스 공원 : 버려진 산업 현장을 되살린 공원 · 59
리처드 하그

1987
라 빌레트 공원 : 산책하고 싶은 공원 · 69
베르나르 추미

1989
도멘 뒤 라욜 : 지중해를 담은 정원 · 77
질 클레망

1998
타로 공원 : 예술가의 공원 · 85
니키 드 생팔

1785
데제르 드 레츠

프랑수아 라신 드 몽빌

야외 박물관 같은 백과사전 정원

샹부르시 (프랑스)

프랑수아 라신 드 몽빌(1734-1797)은 프랑스의 유명한 조경가로, 식물학과 건축 분야에 조예가 깊었어요. 나이가 든 다음에는 노르망디 숲의 호숫가에서 살았어요. 베르사유 근처의 외딴 지역에 '데제르 드 레츠'를 만들었는데, 방문객들이 끊이질 않았어요. 마리 앙투아네트 왕비도 이 정원을 방문했지요.

'데제르 드 레츠'는 영국-중국식 공원이에요. 이국적인 나무들과 중국 탑, 중앙아시아 유목민들의 텐트, 고대 유적의 진품과 모조품 등으로 꾸며져 있어요. 온실과 농장, 그리고 관리인이 머무는 오두막까지 있지요.

공원 중앙에는 부서진 기둥 모양의 거대한 탑이 있는데, 몽빌과 그의 손님들이 이곳에 머물렀어요. 여러 가지 모양으로 나 있는 창으로 정원 곳곳에 흩어져 있는 건축물들을 볼 수 있지요.

공원 북쪽, 행복의 섬에 있는 금속판으로 장식한
중앙아시아 유목민들의 텐트는 경비 초소로 사용되었어요.

공원의 가장 서늘한 곳에 세워진 피라미드 모양의
건물은 얼음 창고 역할을 했어요.

정원에 있는 폐허가 된 교회는
옛 마을에서 옮겨왔어요.

또 다른 건축물도 있어요. 몇몇은 이미 사라졌지만요.

이국적인 식물들이 자라는 온실과

유럽에서 처음으로 지어진
중국풍의 건축물,

그리스 신전, 휴식의 신전,

극장,

채색된 철제 오벨리스크
(고대 이집트의 태양신을 상징하는 기념비),

판(그리스 신화 속 음악을 좋아하는 신)의 사원도 있지요.
여기서는 몽빌이 음악을 즐겨 연주했어요.

'데제르 드 레츠'에서는 세계 곳곳을 둘러보며 역사 속으로 여행할 수 있어요.
관찰과 경험을 중요하게 생각한 계몽주의 교육관이 담겨 있지요.

1873
센트럴 파크

프레데릭 로 옴스테드 & 캘버트 보

풍경을 담은 공원

뉴욕(미국)

프레데릭 로 옴스테드(1822-1903)는 예일 대학교에서 농업학을 공부한 다음 중국에서 1년을 보냈어요. 뉴욕주의 스태튼섬에서 작은 시범농장을 운영하면서, 도시에 자연을 담은 공원이 필요하다는 글을 꾸준히 발표했어요. 이런 도시 공원을 찾아 유럽을 여행하다가, 위대한 정원사 조지프 팩스턴이 디자인한 영국의 '버컨헤드 공원'(1847)을 보고 반해 버렸어요. 시의 지원을 받아 만들어진 버컨헤드 공원은 세계 최초의 공공 정원으로 언덕과 돌탑, 호수가 조화롭게 어우러져 있어요. 옴스테드는 미국으로 돌아와 캘버트 보(1824-1895)를 만났어요. 보는 영국에서 태어난 건축가로 중세 건축 양식의 전문가였어요. 둘은 힘을 합쳐 '센트럴 파크'를 설계했지요.

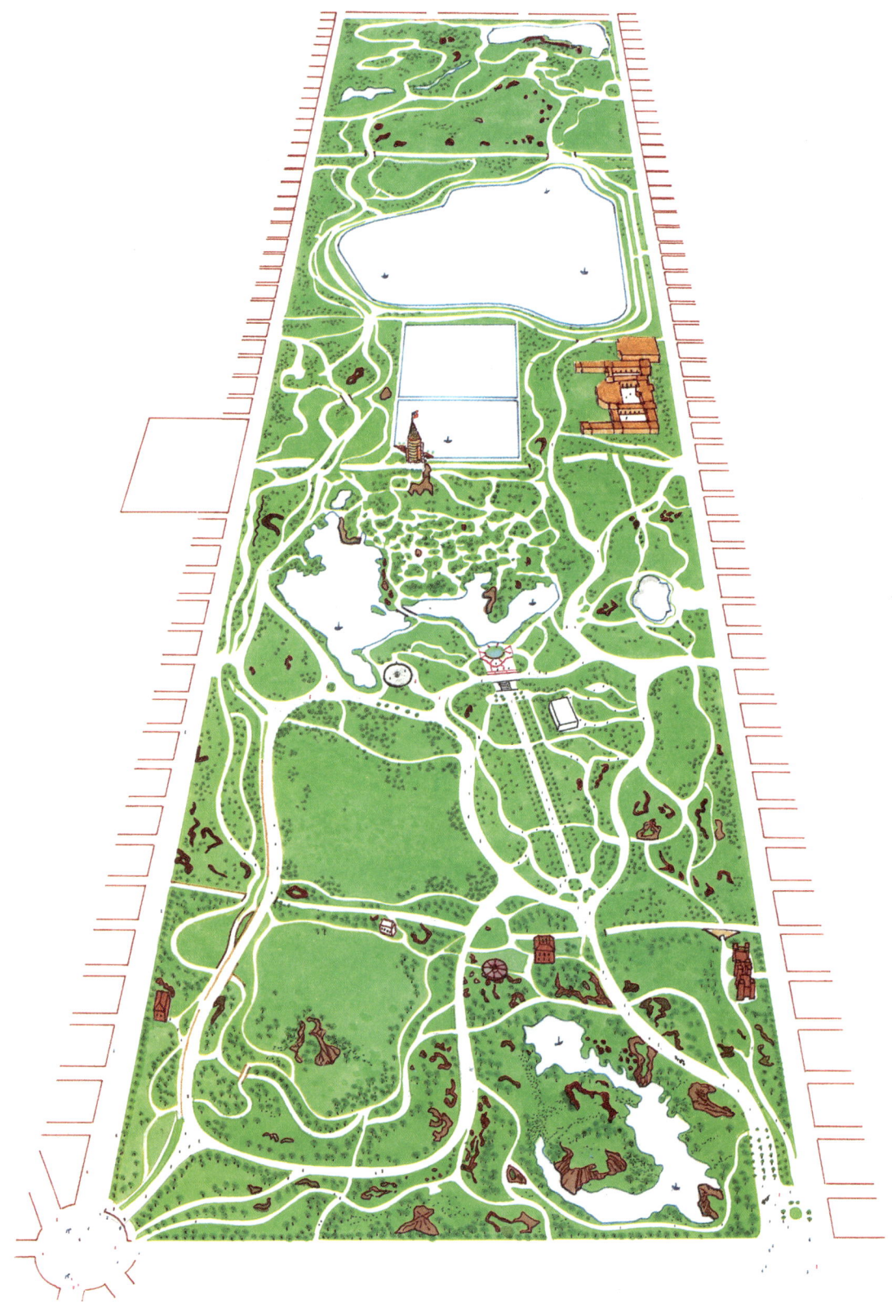

19세기 중반, 뉴욕은
급격하게 늘어난 인구로
숨이 막힐 정도였어요.
도시 안에 초록 공간을 충분히
확보하지 못하고 있었지요.

초록 공간이 더 필요하다는
시민들의 목소리가 점점 커져갔어요.
그러자 뉴욕시는 맨해튼 북쪽에
공원을 만들 넓은 땅을 샀어요. 길이가
4킬로미터, 폭이 800미터나 되는
아주 넓은 늪지대로, 개발이 꼭 필요한
땅이었지요.

1857년 뉴욕시에서는 새로운 공원을 디자인
할 사람을 뽑는 공모전을 열었고 옴스테드와
보의 디자인이 우승을 차지했어요.
둘은 뉴욕 시민들이 미국의 옛 시골 모습을
떠올리며 편안하게 쉴 수 있는 '풍경이 아름다운
공원'을 만들고 싶어 했어요.

미국의 산에서 영감을 받아서, 공원 안에 숲이 우거진
언덕, 풀이 가득한 초원, 호수를 만들기로 했어요. 공원
구석구석에 구불구불 나 있는 고요하고 평화로운
산책로를 걷다 보면 '아름다운 풍경'을 만날 수 있도록
설계되었어요.

설계 도면에는 사람들이 쉽게 공원을 산책할 수 있도록 터널과
다리, 네 개의 지하도로, 산책로, 테라스와 전망대가 포함되어
있었어요. 땅을 파내어 배수 공사를 하고, 바위와 흙을 옮기는
대규모의 공사가 필요했지요.

조경을 담당한 옴스테드는 미국 풍경의 아름다움을 잘 표현한 허드슨 리버 화파(19세기 중반, 자연의 경이로움을 담은 미국 풍경화가 그룹)의 그림에 영감을 받아서 산책로와 정원을 꾸몄어요.

건축을 담당한 보는 벨베데레 성을 지었어요. 이 성은 중세풍의 건축물로 성에서 내려다보는 경치가 정말 아름다워요. 보는 '보 브리지' 같이 돌이나 금속으로 된 아름다운 다리를 36개 만들었어요.

1873년에 문을 연 '센트럴 파크'는 뉴욕 시민들의 삶 속에 빠르게 파고들었어요.
공원 안에 동물원이 만들어졌고, 메트로폴리탄 미술관도 이곳으로 이사를 했지요.

자동차를 이용하는 사람들이 많아지면서, 공원을 찾는 사람들이 점점 줄어든 적도
있어요. 하지만 공원 안에 야구장과 핸드볼 경기장, 스케이트장이 들어선 후,
센트럴 파크는 스포츠를 좋아하는 사람들의 천국이 되었어요. 크로톤 저수지는
'그레이트 론'이라는 커다란 잔디밭으로 탈바꿈했어요. 이 광활한 잔디밭에서는
사람들의 기억 속에 오래 남을 만한 인상 깊은 음악회가 열리곤 해요.

센트럴 파크는 뉴욕시의 상징이에요. 뉴욕 시민들은 센트럴 파크에 가는 걸 좋아해요. 이곳에서는 뜻밖의 멋진 발견도 할 수 있어요. 설치 미술가 크리스토와 잔-클로드가 설치한 '더 게이츠(2005)'라는 기념비적인 예술 작품처럼요. 센트럴 파크의 우거진 숲길을 따라 사프란 색상의 웅장한 커튼이 물결처럼 휘날렸답니다.

1897
먼스테드 우드

거트루드 지킬

색깔이 가득한 정원

부스브리지, 서리 (영국)

거트루드 지킬(1843-1932)은 영국 남부의 시골 마을 서리에서 어린 시절을 보냈어요. 런던의 사우스 켄싱턴 미술학교에서 그림을 공부했지만 근시 때문에 그만두어야 했어요. 그 후에 지킬은 정원 만드는 일에 관심을 갖기 시작했어요. 그때까지 영국 정원 대부분은 녹색으로 가득했는데, 지킬은 아름다운 색깔의 꽃들을 정원에 들여 놓기 시작했어요. 화가의 팔레트처럼 다채로운 색깔의 꽃들이 조화롭게 섞여 있는 '혼합형 경계 화단'을 처음으로 시도했지요. 혼합형 경계 화단은 화단의 경계에 다양한 꽃을 섞어 심은 화단을 말해요. 정원은 글자 그대로 살아 있는 그림이 되었어요.

지킬은 직접 글을 쓰고 삽화를 그려 여러 권의 책을 출간했어요. 식물의 한살이와 계절에 따라 어떻게 변하는지를 주의 깊게 관찰해 수채화로 기록했어요. 봄, 여름, 가을 동안 화단의 같은 자리에 피는 꽃을 계속 관찰해서 그렸지요.

지킬은 1882년에 고향인 서리 지역 부스브리지에 땅을 사서 자신을 위한 정원을 만들었어요. 그 후에 건축가 에드윈 루티엔스를 만나서 자신이 살 집을 지어달라고 부탁했지요. 미술 공예 운동(19세기 말 영국에서 시작된 수공예를 되살리자는 운동)에 영향을 받은 루티엔스는 지역 장인들의 도움을 받아서 그 지역 전통의 오두막집을 지었어요. 루티엔스의 정교한 작업 방식과 지킬의 창의적인 디자인은 서로 조화를 이뤘어요. 둘은 이때부터 오랫동안 함께 일하게 되지요.

'먼스테드 우드'에서는 건물과 정원의 식물들이 각각 독립적이면서도 서로 조화를 이루고 있어요. 테라스는 집을 확장하고 방문객들을 바로 정원으로 안내하는 역할을 해요. 정원은 식물을 심을 자리와 통로가 명확하게 나누어져 있어요. 그 경계는 계절에 피는 꽃에 따라 색이 바뀌지요.

비슷한 시기에 활동했던 인상파 화가 클로드 모네는 프랑스의 지베르니에 정착했어요. 그곳에 자신의 그림 속 모델이 될 다채로운 색깔을 품고 있는 '지베르니 정원'을 만들었지요.

그의 그림에 등장하는 일본식 다리와 연꽃이 핀 연못은 지베르니 정원에서 볼 수 있어요. 집 안에 들어가면, 벽과 가구에 쓰인 색깔 역시 정원에서 가져온 걸 알 수 있어요. 이 모든 것들이 어우러져 걸작이 탄생한 거예요.

1928
빌라 노아유

가브리엘 게브레키안

현대적이고 기하학적인 정원

예르(프랑스)

가브리엘 게브레키안(1900-1970)은 아르메니아에서 태어나 오스트리아 빈으로 이주했어요. 요제프 호프만 같은 현대 건축의 거장들과 함께 공부한 다음 파리에 정착했지요. 게브레키안은 프랑스의 건축가인 로베르 말레-스테뱅스와 처음으로 공동 작업을 한 조경가로 둘은 팀을 이뤄 활약했어요. '빌라 노아유'를 지어달라고 요청했던 노아유 부부는 이 둘의 고객이었지요.

마리-로르 드 노아유 / 장 콕토 / 파블로 피카소 / 살바도르 달리 / 앙리 로랑스 / 맨 레이 / 루이스 부뉴엘 / 샤를 드 노아유

마리-로르 드 노아유는 프랑스 시인 장 콕토의 친구였어요. 다양한 분야의 예술가를 지원했는데, 화가 피카소와 달리, 조각가 앙리 로랑스, 영화 제작자 맨 레이와 루이스 부뉴엘 등이었지요. 남편인 샤를 드 노아유는 식물학에 푹 빠져 있었고, 새로운 것이라면 뭐든지 열광했어요.

샤를 드 노아유는 파리에서 열린 아르데코 및 산업디자인 박람회(1925년)에서 게브레키안이 선보인 '물과 빛의 정원'에 매료되었어요. 삼각형 형태의 화단과 연못이 기하학적으로 구성되어 있는데, 화가인 로베르 들로네가 벽과 바닥의 색을 정하고 칠했어요.

그 이듬해, 샤를 드 노아유는 조경가 앙드레와 폴 베라에게 자신의 호텔에
현대적이고 기하학적인 프랑스 정원을 만들어 달라고 부탁했어요.

그런데 훨씬 더 놀라운 정원이 만들어진 곳은
프랑스 남동부의 작은 도시 예르에 있는 높은 언덕 위였어요.

노아유 부부는 햇빛이 잘 들어오고, 자유롭고 현대적인 공간을 만들고 싶어서,
1923년부터 이곳에 빌라를 짓기 시작했어요.

건축가 로베르 말레-스테뱅스가 처음 설계한 집을 중심으로, 계단식으로 책을 쌓듯
꾸준히 확장해 나가, 접이식 유리 천장이 있는 실내 수영장, 체육관과 스쿼시 코트까지
갖추게 되었지요.

빌라 노아유에는 많은 손님들이 묵을 수 있었고
손님들에게 검정색과 흰색으로 된 운동복을 빌려 주었지요.

사람들은 이곳에서 스포츠를 즐겼고, 자크 마누엘 감독은
영화도 찍었어요. 빌라 노아유는 예술가들의 놀이터였어요.

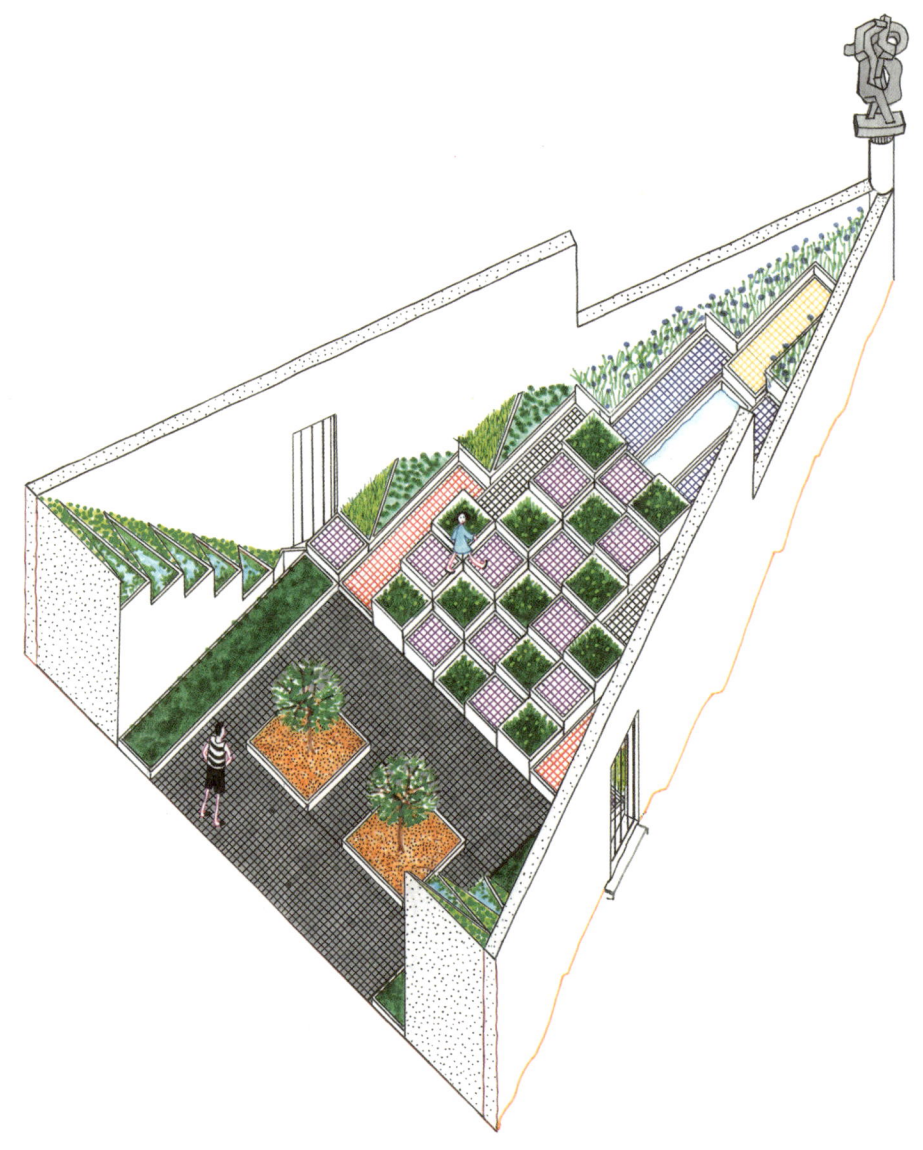

빌라 노아유의 내부는 예술가와 디자이너들이 꾸몄어요. 화가이자 건축가인 테오 반 두스부르흐, 가구 디자이너이자 건축가인 피에르 샤로와 아일린 그레이가 참여했지요.

빌라 앞쪽에는 게브레키안이 설계한 기하학적인 정원이 자리하고 있어요.
벽으로 둘러싸인 삼각형 공간에, 시멘트로 계단 형태의 바닥을 만들고 다양한 색깔의 꽃을 번갈아 배치했어요. 정원은 마치 모자이크 작품처럼 보여요.
삼각형 정원의 뾰족한 끝에는 입체파 조각가 자크 립시츠의 '삶의 기쁨(1927년)'이 회전식 받침대 위에 놓여 있어요.

빌라 노아유의 테라스나 응접실에서 정원을 바라보면,
계단식 정원이 주는 입체감과 계절에 따른 꽃들의 변화를 느낄 수 있어요.

비슷한 시기에 조각가 장과 조엘 마르텔은
말레-스테뱅스의 스케치를 바탕으로
콘크리트로 된 '입체파 나무'를 만들었어요.
이 작품은 1925년 파리 장식 예술 박람회에서
발표되었지만, 그 당시에는 사람들로부터
환영받지 못했어요.

1952
둥근 정원

칼 테오도르 쇠렌센

가족을 위한 정원

내룸 (덴마크)

조경 건축가인 칼 테오도르 쇠렌센(1893-1979)은 덴마크 코펜하겐 미술대학에서 학생들을 가르치며, 공공장소의 조경에 대한 이론을 연구한 학자로 모더니즘 운동을 이끈 사람들 중 한 명이에요. 모더니즘 운동은 전통적인 건축에서 벗어나, 건물과 정원이 원래의 기능을 잘 발휘할 수 있는 형태로 만들어져야 한다는 운동이에요. 쇠렌센이 디자인한 정원을 하늘에서 내려다보면, 여러 개의 둥근 모형이 장식품처럼 놓여 있어 마치 추상화를 보는 것 같아요. 각각의 타원형 정원은 울타리로 둘러싸여 있어서 정원 안에 있으면 외부로부터 보호받고 있는 것 같은 편안함을 느낄 수 있어요. 정원에 머무는 사람을 위한 조경가의 배려이지요.

1943년 쇠렌센은 덴마크 코펜하겐의 엠드럽 지역에 아이들을 위한 최초의 모험 놀이터를 만들었어요. 아이들은 울타리가 쳐진 안전한 공간 안에서 건축 자재나 낡은 잡동사니들을 가지고 놀 수 있어요. 어른들은 아이들이 원하는 놀이를 스스로 만들어 나갈 수 있게 격려하지요. 쇠렌슨은 아이들만큼이나 어른들에게도 정원이 필요하다고 생각했어요. 사람들도 잘 성장하고, 건강하게 생활하려면 식물처럼 빛과 공간이 필요하다고 믿었어요.

제2차 세계대전이 끝나고 유럽 곳곳이 재건되는 동안, 녹지 공간인 정원은
그리 중요하게 여겨지지 않았어요. 쇠렌센은 이런 생각에 반대했고,
코펜하겐 교외에 있는 내룸에 40여 개의 개인 정원을 정성 들여 디자인했어요.

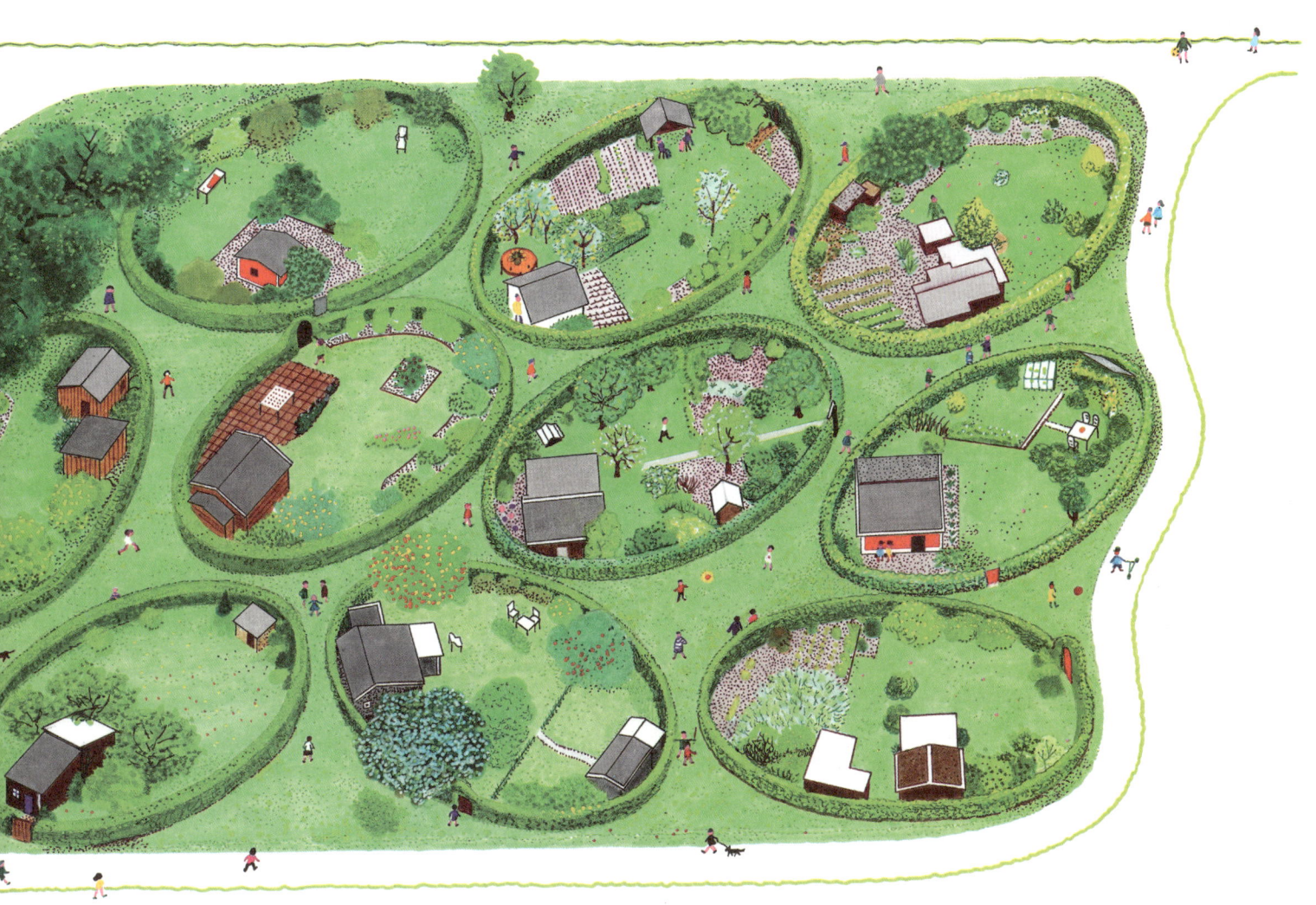

쇠렌센이 디자인한 정원은 울타리로 둘러싸여 있고, 크기도 거의 비슷하며,
모두 타원형이에요. 정원과 정원 사이에는 이웃과 함께 쓰는 공간이 있어요.
차가 다니는 도로가 없어서 아이들이 자유롭게 놀 수 있지요.

각 정원은 가로 길이가 24.3미터이고 세로 길이는 15미터로 황금 비율을 따라요. 쇠렌슨이 정원을 가꿀 때 필요한 간단한 안내서를 주지만, 주민들은 각자 자유롭게 집을 배치하고 울타리를 선택하고 정원을 꾸밀 수 있어요. 대부분은 정원에 꽃을 가꾸거나 채소를 재배해요.

2015년 프랑스의 바스크 지역에 오딜 파브레그와 크리스티앙 바랭이 뜻을 모아
'아할렌 루락'이라는 생태 농장을 만들었어요. 5헥타르 크기의 농장에서
친환경 농법으로 자급자족하는 삶을 실험하고 있어요.
이곳에는 작은 목장과 과수원, 그리고 이동이 가능한 온실이 있어요.
중앙에 바스크 십자가가 있는 아름다운 원형 채소밭은 모두 72개로 나뉘어 있어요.
8년마다 심는 채소를 바꾸어 흙을 건강하게 유지하고 있지요.

1965
플라멩구 공원

호베르투 마르크스

모든 사람들을 위한 공원

리우데자네이루 (브라질)

호베르투 마르크스(1909-1994)는 브라질에서 태어났어요. 성악을 공부하러 베를린에 갔지만, 다양한 미술관을 관람하고서는 화가가 되기로 결심했어요. 하루는 열대 온실에서 그림을 그리다가 고향인 브라질에서 서식하는 식물들에 대해 알게 되지요. 그 식물들 고유의 색깔과 형태 그리고 화려함이 마르크스 작품의 중요한 요소가 되었어요. 마르크스는 리우데자네이루 국립미술학교에서 공부하기 위해 브라질로 돌아왔고, 그곳에서 루시오 코스타의 지도를 받게 되었어요. 코스타는 브라질리아 도시 계획에 큰 역할을 했던 도시 계획가이자 건축가예요. 마르크스는 화가이자 식물학자로 활동하면서 브라질 현대 건축의 가장 중요한 프로젝트에서 조경을 디자인했어요.

리우데자네이루에 있는 브라질 교육보건부 건물은 브라질 최초의 현대식 건물로 건축가인 루시오 코스타, 아폰소 레이디, 오스카 니마이어가 참여했어요(1943). 마르크스는 정원과 테라스의 디자인을 맡았는데, 각진 건물의 엄격함과 나무와 풀들의 자연적인 부드러움이 대조를 이루도록 했어요.

1950년대에는 산투스두몽 공항과 리우데자네이루 중심부를 오가는 혼잡한 도로가 바닷가를 따라서 나 있었어요. 건축가인 로타 소아레스는 이 도로 주위에 넓은 공원을 만들겠다고 생각했어요. 마르크스는 건축가 아폰소 레이디와 함께 팀을 이뤄 이 프로젝트를 시작했어요.

두 개의 고속도로가 통과하는 넓은 숲이 바닷가를 따라 조성되었어요. 운동장이나 피크닉을 할 수 있는 공간뿐만 아니라 아름다운 해변과 관광 시설이 개발되었어요. 현대미술관도 이곳에 지어졌지요. 이 공원 덕분에 현대적인 도시와 아름다운 바다가 평화롭게 공존하게 되었어요.

마르크스는 현대미술관(1948, 아폰소 레이디)의 정원도 디자인했어요.
이곳은 콘크리트로 된 건물 주위를 테라스, 구불구불한 자갈길, 연못 등이
둘러싸고 있어요. 건물과 정원은 서로 대조적이면서도 조화를 이루고 있지요.

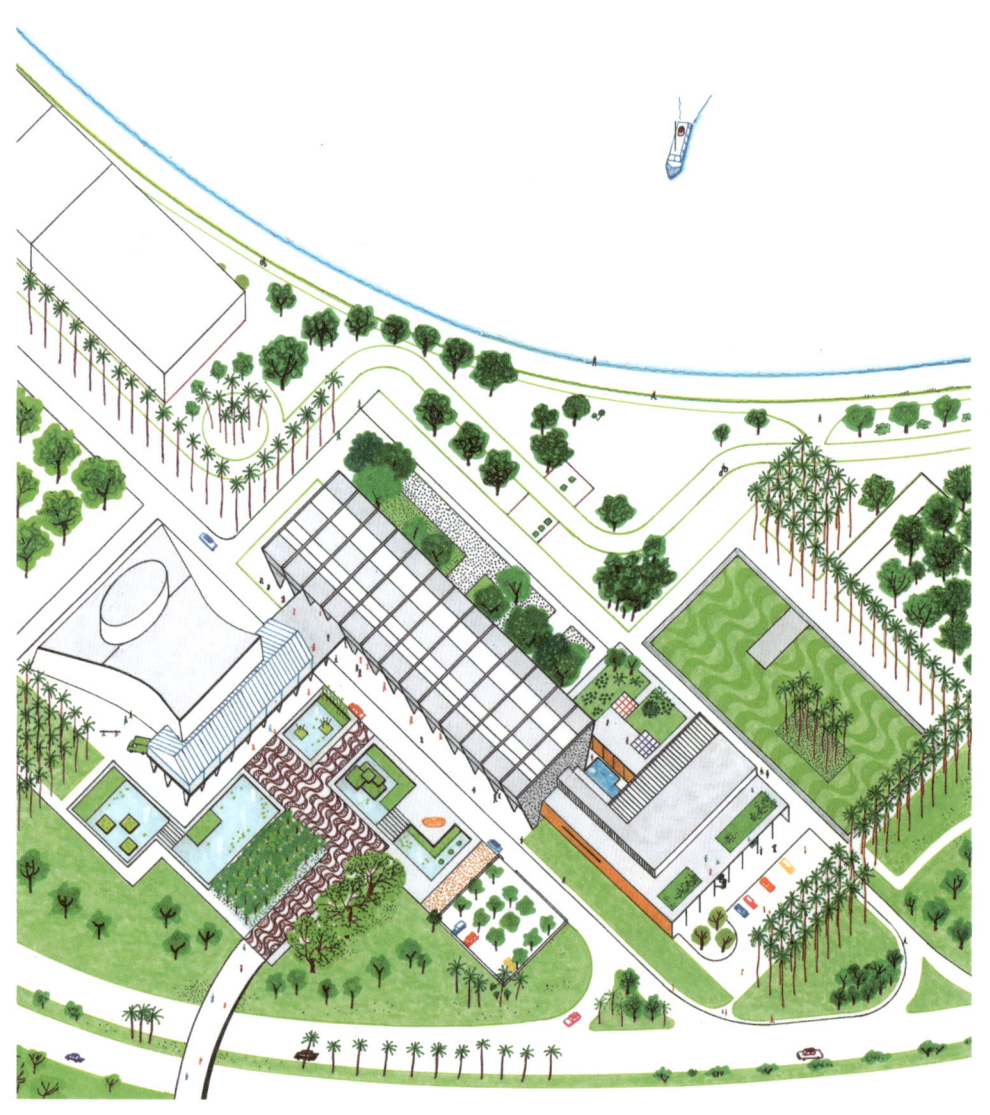

마르크스는 브라질의 토착종에서 갈라져 나온 식물을 신중하게 선택해서 심었어요.
해양 기후에 잘 맞고 경관을 아름답게 해 주는 식물들이지요.

1971년에는 코파카바나 해안을 따라 길게 이어진 '아틀란티카 애비뉴'를
디자인했어요. 포르투갈에서 온 흰색, 빨간색, 검은색 자갈을 배치하고
이국적인 식물들을 심었어요. 거리는 아름다운 모자이크 양탄자로 바뀌었지요.

1976
가스 워크스 공원

리처드 하그

버려진 산업 현장을 되살린 공원

시애틀 (미국)

리처드 하그(1923-2018)는 미국 켄터키주에서 태어난 조경 건축가로 시애틀에 있는 워싱턴 대학교에서 학생들을 가르쳤어요. 하그는 지형에 큰 변화를 주지 않으면서도 가장 좋은 결과물을 만들 수 있는 미니멀리즘 스타일의 공원을 디자인했어요.

'가스 워크스 공원'은 원래 가정용 가스를 생산하는 오래된 석탄 발전소였어요.
시애틀의 경계에 있는 유니언 호수의 북쪽 호숫가에 위치해 있었는데,
1956년에 문을 닫았지요. 이 땅을 도시 공원으로 바꾸기 위해 공모전이 열렸어요.

리처드 하그는 독창적인 아이디어로 공모전에서 우승을 했어요.
오래된 공장 건물은 그 장소의 역사를 담고 있고, 시간이 지나면
하나의 조형물이 될 테니 그대로 남겨 두기로 했어요.

공장에서 나온 폐기물과 건물의 잔해를 쌓아 올려 언덕을 만들었어요.
이 언덕에 올라가면 주변 경치를 감상할 수 있어요. 심각하게 오염되어 있던
땅은 효소와 유기물을 이용해 정화시켰어요.

마지막으로 기계실에 있던 오래된 압축기를 밝은 색으로 칠했어요.
이곳은 아이들이 즐겁게 놀 수 있는 공간이 되었지요.

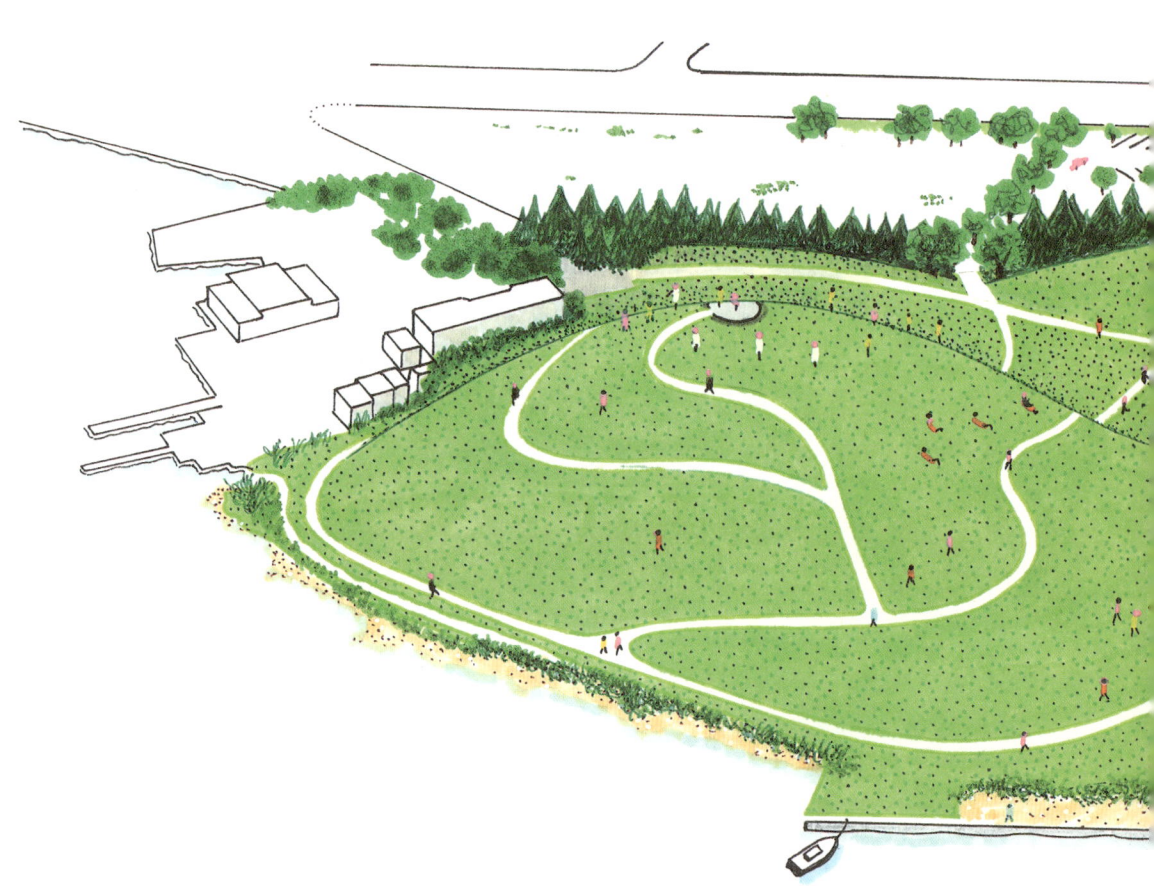

가스 워크스 공원 한가운데에는 옛 공장이 우뚝 서 있어요.
더 이상 쓰지 않아 버려졌던 공장이 모두를 위한 공원이 되었지요!

독일에 있는 '란트샤프트 공원'도 가스 워크스 공원과 비슷해요.
1991년 독일의 라츠+파트너가 디자인했는데, 버려진 공장을 철거하지 않고
개조해서 환경 공원을 만들었지요.

1987
라 빌레트 공원

베르나르 추미

산책하고 싶은 공원

파리 (프랑스)

베르나르 추미(스위스, 1944-)는 스위스 취리히에서 건축을 공부하고 나서, 영국과 미국으로 가 건축을 가르쳤어요. 공연 예술과 영화에서 영향을 받았던 추미는 새로운 아이디어가 없는 기존의 건축 방식을 비판했어요. 1983년에는 파리 북동쪽에 있는 오래된 도축장을 도시 공원으로 설계하는 공모전에서 우승했어요. 그 덕에 그의 아이디어를 실현할 수 있었어요.

나폴레옹 3세 때 지어진 도축장은 1974년에 문을 닫은 채
그대로 방치되어 있었어요. 1986년, 건축가인 아드리앵 팽실베르가
넓은 경매장을 과학산업관으로 탈바꿈시켰어요.
육류도매시장 같은 몇몇 아름다운 건물들은 그대로 보존되어
나중에 공원의 그랜드 홀이 되었어요.

'라 빌레트 공원'은 규모가 큰 공원으로, 외곽 순환도로와 접해 있고 운하가 공원을
가로지르며 흘러요. 추미는 사람들의 공원 산책을 이끌어 주려고 했어요.
'폴리'라고 불리는 26개의 작은 빨간색 건물(점)과 산책로(선), 잔디밭(면)을 연결해
사람들이 공원 안을 자연스럽게 이동할 수 있도록 했지요.
빨간색 폴리는 활기를 불어 넣어 주는 라 빌레트 공원의 상징이 되었어요.

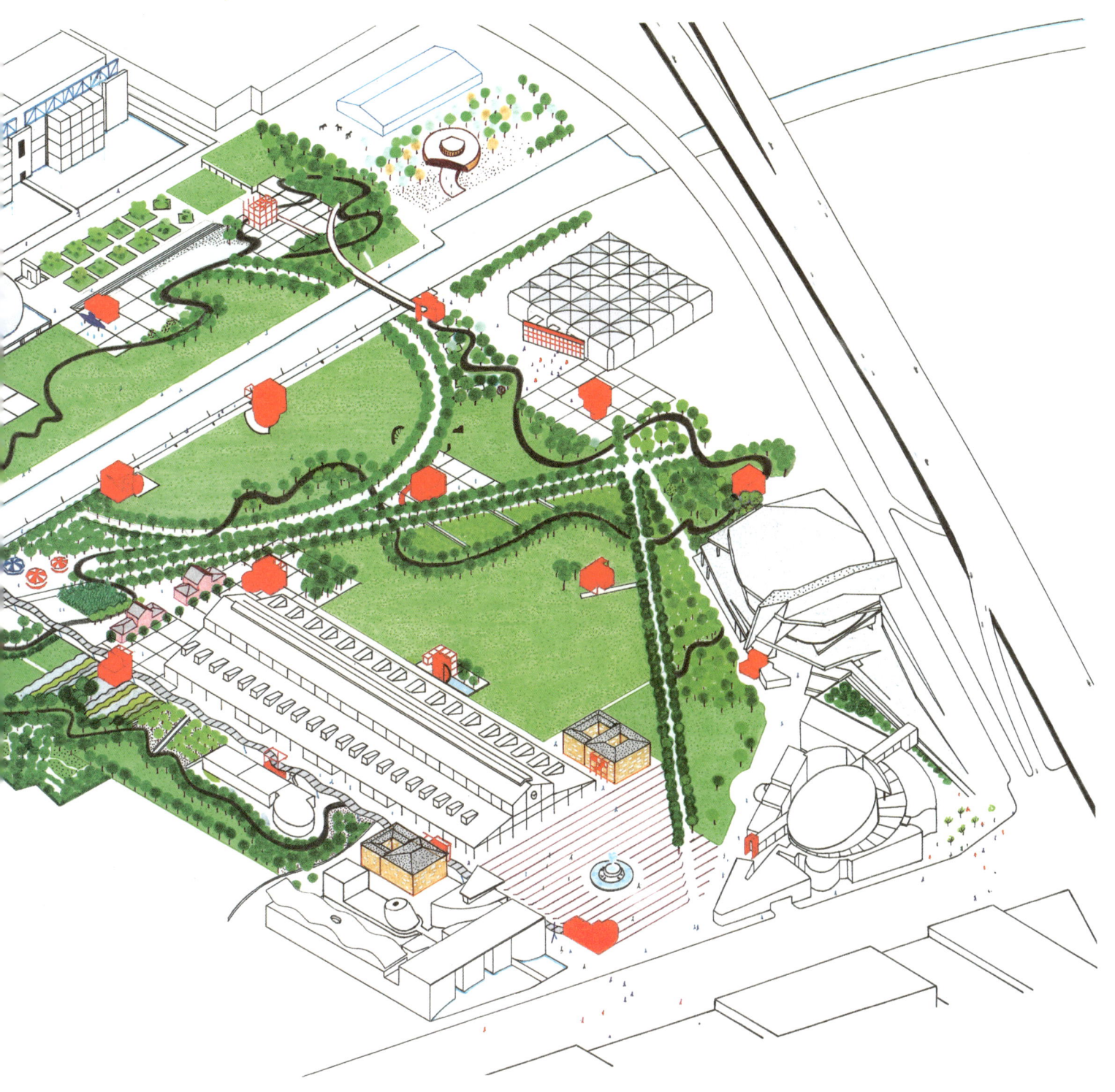

폴리는 한 면이 10.80미터인 정육면체인데,
폴리가 놓인 위치나 쓰임에 따라 형태와 크기가 다양해요.

'잔비에 폴리'는 라 빌레트 공원의 행정 건물 앞에 있어요.

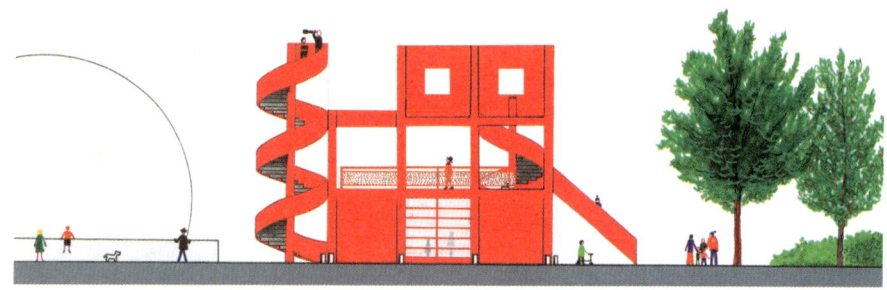

'오브세르바투아르 폴리' 근처에는 전파 망원경이 있고, 전파를 실험할 수 있는 장비가 있어요.

'벨베데르 폴리'는 공원의 다양한 식물을 볼 수 있는 전망대예요. 생물 다양성의 미래를 내다볼 수 있지요.

1987년에 문을 연 라 빌레트 공원은 산책을 하거나 자전거를 탈 수 있을 뿐만 아니라 모두를 위한 문화 공원이기도 해요.
여름에는 삼각형의 잔디밭에서 영화를 관람할 수도 있지요.

여러 해에 걸쳐 음악이나 영화를 위한 문화 공간이 꾸준히 만들어졌어요.
콘서트홀 제니스(1984), 아이맥스 영화관 제오드(1985), 파리 국립고등음악무용원(1990), 건축가 크리스티앙 드 포르장바르크의 음악 도시(1995), 건축가 장 누벨의 파리 필하모니 콘서트홀(2015) 등이지요.

라 빌레트 공원의 산책로를 걷다 보면 분명 놀라운 것들을 만나게 될 거예요.

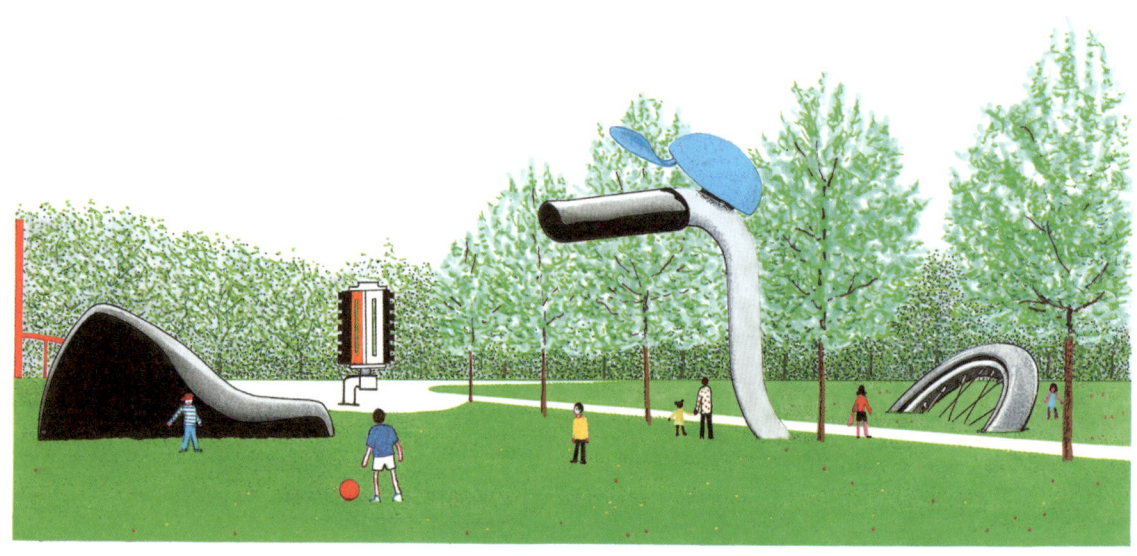

클라스 올든버그와 쿠제 반 브루겐의 '땅에 묻힌 자전거(1998)' 같은 기념비적인 팝아트 작품처럼요.

우루줄라 쿠르츠가 디자인한 '드래곤'은 알록달록한 미끄럼틀인데, 2015년에 오래된 용 모양의 놀이 시설 대신 만들어졌지요.

2007년에 중국 친황다오 부근에 새로운 산책로가 만들어졌어요. 조경가 위쿵젠이 디자인했는데, 붉은색 리본 같은 긴 산책로가 탕허강을 따라 쭉 뻗어 있어요. 이 산책로의 붉은색은 라 빌레트 공원의 폴리를 떠오르게 해요.

1989
도멘 뒤 라욜

질 클레망

지중해를 담은 정원

라욜-카나델-쉬르-메르(프랑스)

프랑스의 식물학자이자 조경가인 질 클레망(1943-)은 원래 터를 잡고 살고 있는 식물들이 잘 자랄 수 있도록 도와주는 것이 중요하다고 생각했어요.
프랑스의 크뢰즈에 있는 자신의 집에 '움직이는 정원'을 만들어 새로운 형태의 정원에 대해 연구했어요. '움직이는 정원'이란 식물들이 자라면서 정원의 모습이 자연스럽게 변화하고 움직인다는 뜻이에요. 질 클레망은 전 세계를 여행하며 여러 기후에서 자라는 식물들에 대해 연구하고 서로 비교했어요.
클레망은 정원을 하나의 '행성'이라고 말해요.

크뢰즈에 있는 집은 클레망의 연구실이에요.

'도멘 뒤 라욜'은 지중해와 접해 있는 오래된 수목원이에요.
프랑스 남동부의 해안 지역인 코트다쥐르의 예르와 생트막심 사이에 있어요.
크기가 약 20헥타르이며, 수목원을 가로지르며 바다로 흐르는 작은 개울이 있어요.

클레망은 해안 보호청의 요청으로 이곳을 지중해 정원으로 만들었어요.
남아프리카에서 호주를 지나 중앙아메리카에 서식하는 지중해성 기후 식물을 모아 심었어요. 다양한 지역에서 온 식물들은 프랑스 남부의 강한 햇빛과 건조한 날씨 그리고 화재에 잘 적응해 나갔어요.

크산토르헤아 글라우카는
호주에서 주로 자라고,
줄기는 불이 나도 잘 타지 않아요.

호주가 원산지인 유칼립투스는
아주 크게 자라며 지중해 기후에 적합해요.
하지만 번식력이 강해 원래 이곳에 살고 있던
토착종들을 위협하기도 해요.

클레망은 지형을 현명하게 활용해서 식물을 심었어요.
사막 같은 언덕을 보면 꼭 미국의 캘리포니아나 호주에 온 것 같지요.

습한 골짜기에는 주로 아시아의
아열대 지역에서 서식하는
대나무가 숲을 이루고 있어요.

바닷가에는 코르크 참나무와
알레포 소나무가 군락을 이루고 있어요.

1998
타로 공원

니키 드 생팔

예술가들의 공원

가라비키오 (이탈리아)

프랑스계 미국인인 니키 드 생팔(1930-2002)은 회화와 조각을 접목한 작품으로 우리를 압도하는 예술가예요. 다채로운 색상으로 풍만한 여인을 표현한 '나나' 시리즈가 특히 유명해요. 폴리에스테르와 수지로 만들어졌는데, 몇몇 작품은 아주 커서 관람객들이 안으로 들어갈 수도 있어요. 생팔은 남편인 스위스 조각가 장 팅겔리의 도움을 받아 실제 건축물 같은 크기의 나나를 만들었어요.

생팔은 타로 카드의 상징들을 이용해서 재미있는 정원을 만들고 싶었지만 비용이 너무 많이 들었어요. 다행히 이탈리아 친구들의 도움으로 토스카나에 있는 한 채석장을 정원으로 만들 수 있게 되었어요. 생팔도 자신의 이름을 딴 향수를 제작해 자금을 마련했지요.

타로는 고대부터 내려온 카드 게임이에요. 22장의 메이저 카드에는 상징적인 캐릭터들이 화려하게 그려져 있어요. 생팔은 타로 카드의 캐릭터들을 자유롭게 해석해 입체감 있는 커다란 조형물을 만들어서 산책로에 배치했어요. 방문객들은 공원을 산책하며 타로점을 치는 것처럼 자신의 과거, 현재, 미래를 질문해 볼 수 있어요.

조형물을 만든 예술가들은 소규모의 팀으로 나뉘어서 일했고, 작업은 여러 단계에 걸쳐서 진행되었어요. 타로의 정의 카드 조형물을 만드는 과정은 아래와 같아요.

먼저 점토로 모형을 만들어요.

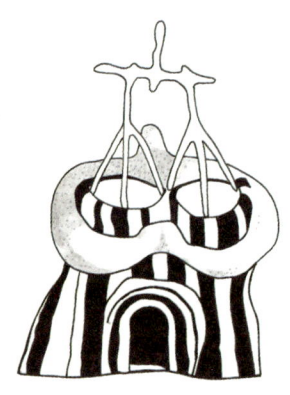

그런 다음 모형을 폴리에스테르로 크게 만들어요.

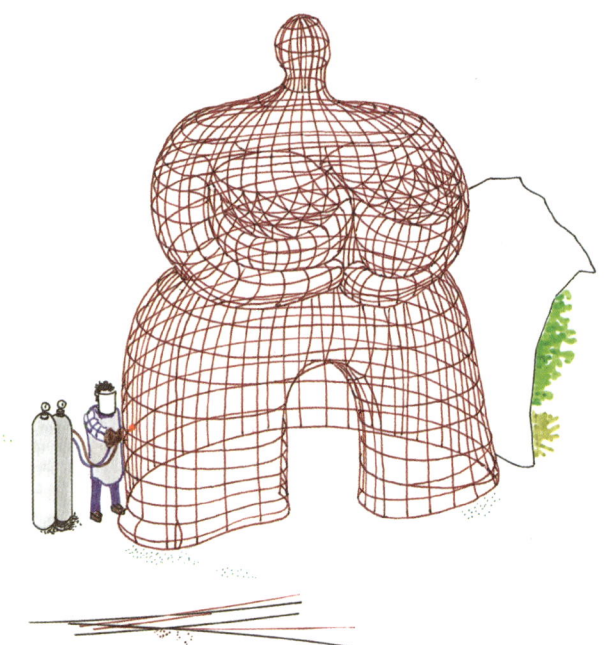

이젠 실제 크기의 조형물을 만들어요. 생팔의 남편인 팅켈리가 철근을 휘고 이어 붙여서 전체 골격을 만들었어요.

그 위에 콘크리트를 부은 다음 굳혀요.

마지막으로 조형물의 외부와 내부에 현장에서 만든 다양한 모자이크들을 천천히 붙여요. 반짝이는 거울 조각으로 장식도 해요.

공원에 있는 21개의 조각 중에 16개의 조각이에요.
•1-달 •2-절제 •3-여황제 •4-탑 •5- 황제 •6-마술사 •7-여자 교황 •8-운명의 수레바퀴 •9-힘 •10-정의 •11-매달린 사람 •12-교황 •13-태양 •14-죽음 •15-악마 •16-세계

1978년부터 만들어지기 시작한 타로 공원은 18년이 지난 후에야 완성되었어요.
공원은 누구에게나 문이 활짝 열렸고, 자연과 예술품이 유쾌하게 어우러진 명소가 되었어요.

생팔과 팅겔리는, 1912년 프랑스 오트리브에 있는 '우체부 슈발의 꿈의 궁전'을 방문했어요.
이곳은 우체부 슈발이 편지를 배달하다가 눈에 띄는 돌들을 모아, 혼자서 쌓아 올려 만든
궁전이에요. 상상 속 동물과 사람들이 가득 조각된 동굴과 탑이 모여서 만들어졌어요.
생팔은 이 궁전을 보고 큰 영감을 받았지요.

건축가 안토니 가우디의 '바르셀로나 구엘 공원'(1914) 역시 생팔이 창작하는 데 크게 영향을 주었어요. 특히 타일 조각으로 장식한, 물결치는 듯이 구불구불한 벤치에 영향을 받았는데 이런 기법을 '트렌카디스'라고 해요. 안토니 가우디가 처음 사용한 기술이에요.